인공지능,
기계가 스스로 생각하는 시대

인공지능,
기계가 스스로 생각하는 시대

박열음 글 | 안주영 그림

작가의 말

'인공지능(AI)'은 요즘 뉴스에서 가장 많이 들리는 말 중 하나예요. 인공지능으로 만든 동영상, 인공지능 해킹, 오픈 AI······.

얼마 전에는 인터넷에 어떤 노래 영상이 올라왔어요. 인공지능에게 한 인터넷 방송인의 목소리를 학습시키고 노래를 부르게 한 영상이었는데, 마치 진짜 가수처럼 멋지게 노래를 불렀죠. 그 영상이 인터넷 곳곳으로 퍼지며 화제가 되기도 했답니다. 그림 분야에서도 인공지능이 그린 일러스트를 쉽게 찾아볼 수 있게 되었어요. 모나리자나 베토벤 같은 인물 그림에 친구나 유명인의 얼굴을 자연스럽게 붙여 놓는 장난이 인기를 끌기도 했지요. 이렇게 인공지능은 이미 우리 생활에 밀접하게 쓰이고 있어요.

하지만 인공지능이 지금처럼 주목받게 된 건 생각보다 오래되지 않았어요. 2016년 '알파고'라는 바둑 인공지능이 나타나 프로 바둑 선수를 이긴 이후로 인공지능의 가능성이 널리 알려지기 시작했답니다. 이 책이 나온 때(2024년)부터 거슬러 올라가도 10년도 되지 않는 과거예요. 그 후로 인공지능 기술은 빠르게 발전했어요. 사람들도 인공지능에 더욱 관심을 가졌지요.

인공지능이 어떤 일을 대신해 줄지 기대하는 사람도 많고, 인공지능

　에게 일자리를 빼앗길 거라며 걱정하는 사람도 많아요. 인공지능은 아주 빠른 속도로 발전하고 있고, 또 예측하기 힘들 정도로 다양한 분야에 구석구석 뻗어 나가고 있어요. 인공지능은 앞으로 또 어떤 발전을 이루게 될까요? 우리는 점점 더 발전한 인공지능과 함께 살아가게 될 거예요. 그때 더 잘 적응하려면 인공지능이 무엇인지 제대로 알고, 인공지능 기술이 불러올 변화를 예상해 봐야 한답니다.

　이 책은 인공지능이 무엇인지 알아보고(1부), 어떤 분야에서 활약할지 살펴본 다음(2부), 인공지능을 통해 우리의 생활이 어떻게 변할지 생각해 보는(3부) 책이에요. 혹시 우리의 예상이 맞지 않더라도 괜찮아요! 이 책을 읽고 인공지능과 함께할 미래를 생각해 보는 것 자체가 앞으로 인공지능 시대를 살아가기 위해 꼭 필요한 일이 될 테니까요.

2024년 6월
박열음

차례

1부 인공지능 개념 잡기

작가의 말	4
들어가며 • 인간의 일을 대신하는 기계를 꿈꾸다	12
개념 1 • 무엇을 '인공지능'이라고 할까?	14
개념 2 • '알고리즘'과 초기 인공지능	16
개념 3 • '기계 학습'이 탄생하다	20
개념 4 • 선생님이 있는 '지도 학습'	22
개념 5 • 선생님이 없는 '비지도 학습'	24
개념 6 • 인간의 뇌를 흉내 낸 '인공 신경망'	26
개념 7 • '빅데이터', 인공지능의 학습 자료	28
개념 8 • '딥러닝'으로 인간처럼 학습하게 되다	30

2부

우리 생활 속 인공지능 살펴보기

1	**챗봇** • 어떤 질문에도 답할 수 있는 로봇	34
2	**인공지능 비서** • 24시간 일하는 내 손안의 비서	38
3	**로봇 청소기** • 쓰면 쓸수록 청소를 잘하는 로봇	40
4	**스마트 홈** • 사물들끼리 대화하며 알아서 일하는 집	42
5	**자율주행차** • 목적지까지 스스로 찾아가는 자동차	44
6	**인공지능 도로** • 교통을 원활하게 관리하는 시스템	48
7	**스마트 시티** • 인공지능으로 만드는 똑똑한 도시	50
8	**추천 알고리즘** • 내가 뭘 좋아할지 알고 있는 플랫폼	52
9	**번역** • 날로 발전하는 인공지능 번역기	54

차례

10	**의료** • 기대되는 인공지능 의사의 활약	56
11	**법률** • 재판 자료를 순식간에 학습하는 인공지능	58
12	**보도** • 세계 곳곳의 소식을 실시간으로 전하는 인공지능	60
13	**주식 투자** • 주식 투자를 도와주는 인공지능	62
14	**인사 관리** • 직원 채용과 업무 평가를 도와주는 인공지능	64
15	**스포츠** • 필요한 훈련을 알려 주는 인공지능 코치	66
16	**드론** • 어디든 필요한 곳으로 날아가는 드론	68
17	**디지털 복원** • 오래된 것을 새것처럼 되살리는 기술	70
18	**우주 탐사** • 미지의 우주를 탐사하는 인공지능 로봇	72
19	**전쟁 무기** • 사람 대신 전쟁터로 가는 인공지능	74

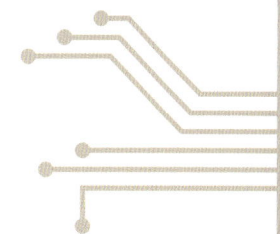

3부

인공지능 시대 준비하기

1	인공지능이 인간의 일자리를 빼앗는다고?	78
2	인공지능이 잘못하면 누가 책임져야 할까?	80
3	인공지능의 개인 정보 침해, 어떻게 봐야 할까?	82
4	인공지능도 사람처럼 권리와 의무를 갖게 될까?	84
5	인공지능이 인간을 뛰어넘는 '특이점'이 올까?	86
6	인공지능과 함께하는 미래, 어떻게 대비해야 할까?	88

1부

　AI, 딥러닝, 챗GPT와 같은 말을 들어 본 적 있나요? 언제부턴가 이런 용어가 뉴스에 자주 등장하기 시작했습니다. AI는 인공지능과 같은 말이고, 딥러닝과 챗GPT는 인공지능 기술이지요. 인공지능 기술이 빠르게 발전하며 우리의 삶도 조금씩 바뀌고 있습니다.

　인공지능이 바꿀 미래를 기대하며 기다리는 사람도 많고, 반대로 걱정하는 사람도 많습니다. 대체 인공지능이 무엇이고 우리 삶에 어떤 영향을 미칠 것이기에 그럴까요? 1부에서는 인공지능이 지금까지 발전해 온 과정과 인공지능 관련 개념을 함께 살펴보겠습니다.

인간의 일을 대신하는 기계를 꿈꾸다

　인공지능을 처음 생각해 낸 사람은 누구일까요? 숙제나 양치처럼 귀찮은 일을 해야 할 때 '이거 좀 대신해 줄 기계가 없을까'라고 생각하는 것처럼 말이에요. 이런 생각은 예나 지금이나 다름없는 것 같습니다. 옛날 사람들도 인간의 일을 대신해 주는 기계를 만들고 싶어 했거든요.

　1770년 오스트리아에서는 체스를 두는 기계가 세상을 떠들썩하게 만들었습니다. 체스 판 뒤에 있는 인형이 체스를 두는데 실력이 너무 뛰어났던 것이죠. 사람들은 생각할 수 있는 기계라며 신기해 했습니다. 하지만 이 기계 안에는 체스 달인이 몰래 숨어 있었습니다. 실은 사람이 인형을 조종하며 체스를 둔 것이었죠.

　1818년 발표된 소설 《프랑켄슈타인》은 프랑켄슈타인 박사가 시체 조각들을 모아 사람과 비슷한 모양을 만들고, 거기에 생명력을 불어넣어 인조

인간을 만드는 공상 과학 소설입니다. 마치 사람처럼 생각하고 행동하는 인조인간 이야기는 전 세계적으로 큰 인기를 끌었습니다.

　이처럼 사람들은 오래전부터 인간처럼 지능을 가진 기계, 즉 '인공지능'을 만들고 싶어 했습니다. 인공지능이 개발되면 기계가 사람 대신 많은 일을 할 수 있으리라 기대했기 때문이죠. 이제 그 꿈은 점점 이루어지고 있습니다. 인공지능 연구자들의 오랜 연구와 과학 기술의 발전으로 다양한 인공지능이 우리 생활 속으로 들어오고 있으니까요. 이제 인공지능 기술은 우리의 청소나 숙제를 도와줄 만큼 발전했습니다. 지금도 매일 새로운 기술이 개발되며 인공지능은 더욱 똑똑해지고 있지요.

무엇을 '인공지능'이라고 할까?

로봇과 인공지능(AI)은 같은 말이 아니다.

    이 세상에서 '지능'이 있는 존재는 사람을 비롯한 동물뿐입니다. 당연한 말이지만 돌, 철, 물, 공기 등은 지능이 없습니다. 지능이 있다는 것은 생각할 수 있고, 학습할 수 있고, 새로운 문제를 만났을 때 해결할 수 있는 능력이 있다는 것입니다. 그럼 '인공지능'이란 대체 무엇일까요?

    인공지능이란 '사람처럼 지능을 갖고 있는 컴퓨터 프로그램'을 말합니다. 컴퓨터가 스스로 생각하고 학습하고 판단까지 하게 하는 기술이지요. 이는 사람이 컴퓨터라는 기계에 인공적으로 만들어 낸 능력입니다. 그래서 '인공지능'이라고 합니다.

    최신 인공지능 기술을 보면 그 능력의 끝이 어디인지 알 수 없을 정도로 대단합니다. 인공지능 기술로 만들어진 자율주행차가 마치 사람이 운전하는 것처럼 장애물을 피해 목적지까지 도달하는 것을 보면 정말 놀랍지요.

인공지능은 기계(로봇)의 뇌에 해당한다.

또 챗GPT 같은 인공지능 챗봇이 사람의 질문에 매우 그럴듯하게 답변하는 것을 보면 앞으로 얼마나 더 똑똑해질지 기대가 됩니다. 하지만 인공지능 기술이 처음부터 이렇게 대단했던 것은 아닙니다. 초기 인공지능은 간단한 계산을 하고 퍼즐을 맞추는 정도였습니다.

간단한 계산기를 비롯해 방이 추워지면 저절로 전원이 켜지는 보일러, 불이 나면 경보를 울리는 화재경보기도 인공지능이라고 할 수 있습니다. 하지만 최근에는 이런 것들을 모두 인공지능이라 부르지는 않습니다. 인공지능의 범위가 너무 넓어지기 때문입니다. 그래서 요즘은 '사람처럼 생각하거나 그렇게 보이는 컴퓨터 프로그램'만 인공지능이라 부릅니다.

'알고리즘'과 초기 인공지능

　인공지능 기술의 핵심은 기계가 스스로 생각하고 학습하고 판단하여 문제를 해결하는 것입니다. 하지만 초기 인공지능은 그렇지 못했습니다. 그래서 사람이 문제를 해결하기 위한 규칙을 일일이 컴퓨터에 입력해 줘야 했습니다. 이렇게 '어떤 일을 해결하기 위한 방법이나 절차'를 **알고리즘**이라고 합니다. 할 일을 차근차근 단계적으로 알려주는 것이지요.

　예를 들어 컵라면을 조리하는 알고리즘은 다음과 같습니다.

　(1) 뚜껑을 반만 열어 분말 스프와 후레이크를 꺼낸다 (2) 면 위에 분말 스프와 후레이크를 뿌린다 (3) 끓는 물을 용기 안쪽 표시 선까지 붓는다 (4) 뚜껑을 닫고 4분 동안 기다리면 완성

　단순한 일을 처리할 때는 이렇게 사람이 알고리즘을 하나하나 만들어 주는 방식도 상당히 괜찮았습니다. 하지만 조금만 정해진 규칙에서 벗어

나면 답을 찾지 못했기 때문에 복잡한 일을 처리하기에는 어려움이 있었습니다.

　예를 들어 초기 인공지능이 개를 구별하려면 '꼬리가 있다', '네 발로 걷는다', '털이 있다' 등 개의 특징을 모두 입력해 줘야 했습니다. 하지만 세상에는 특징이 각기 다른 수많은 종류의 개가 있습니다. 심지어 고양이는 개와 특징이 매우 비슷해서 아주 세세한 특징까지 입력해 주지 않으면 구분할 수 없습니다. 그러한 세세한 특징의 차이까지 하나하나 규칙으로 입력해 주는 것이 가능할까요? 그렇게 하느니 그냥 사람이 구분하는 게 낫지 않을까요?

　사람은 특별한 설명 없이도 단번에 개와 고양이를 구분할 수 있습니다. 혹여 귀가 하나뿐이라도 구분이 가능하지요. 우리에게는 상식이 있고 새

　로운 문제를 만났을 때 스스로 생각하며 문제를 해결하는 능력이 있기 때문입니다. 하지만 안타깝게도 기계에는 그러한 능력이 없습니다.

　또 다른 예를 하나 더 들어 봅시다. 사람은 사과와 딸기를 어떻게 구분할까요? 대부분은 어렸을 때 한두 번 딸기와 사과를 맛보면 자연스럽게 구분하게 됩니다. 사람은 오감으로 딸기와 사과를 경험하지요. 딸기의 경우, 손으로 집었을 때 단단하면서도 약간 물컹한 느낌이 있습니다. 그래서 세게 쥐면 금방 물러집니다. 냄새를 맡아 볼까요? 새콤달콤한 딸기 특유의 향이 납니다. 맛은 무슨 설명이 더 필요할까요?

　사람은 이런 경험을 통해 딱 보면 딸기를 구분할 수 있게 됩니다. 무르거나 상한 딸기라도, 익지 않은 초록 딸기라도, 조각난 딸기라도, 망설이지 않고 딸기라는 걸 바로 알 수 있습니다. 이 모든 과정을 부모님이나 선생님

이 하나하나 가르쳐 주지 않습니다. 사람은 딸기를 맛과 생김새, 향을 떠올리면서 구분하는 게 아니라 보자마자 단숨에 딸기라는 것을 알아차립니다.

하지만 컴퓨터는 다릅니다. 맛도, 향도, 촉감도 느낄 수 없지요. 사람이 그것을 일일이 규칙으로 입력해 줄 수도 없습니다. 그래서 초기 알고리즘 기반 인공지능은 사람처럼 문제를 해결하는 데 한계가 있었습니다.

개념 3

앞에서 살펴본 것처럼 초기 인공지능은 사람이 컴퓨터에 규칙을 하나하나 입력해 줘야 했습니다. 규칙을 하나하나 입력하는 것도 일이지만, 자고 일어나면 새로운 지식이 또 생겨납니다. 규칙을 입력하는 일은 수백 년, 수천 년이 걸려도 끝나지 않을 것입니다.

그래서 사람들은 기발한 생각을 하기 시작했습니다. 기계에 학습을 시켜 스스로 문제를 해결하게 만들어야겠다고 생각한 것이지요. **기계 학습**이란 기계(컴퓨터)가 사람이 제공한 데이터를 스스로 학습하는 것을 말합니다. 기계 학습을 마친 컴퓨터는 새로운 문제를 만났을 때 학습한 내용을 바탕으로 스스로 문제를 해결하게 됩니다.

기계 학습이 나오기 전에는 컴퓨터가 딸기와 사과를 구분하게 하려면 사람이 그 특징을 하나하나 입력해 줘야 했지요. 그렇게 해도 알려 준 특

징에서 조금만 다른 모양이 나오면 답을 찾지 못했습니다. 그런데 기계 학습이 나오면서 컴퓨터가 스스로 딸기와 사과의 특징을 찾아내 구별할 수 있게 되었습니다.

　그럼 기계 학습에 대해 좀 더 알아볼까요? 기계 학습은 크게 답을 알려 주는 '지도 학습'과 답을 알려 주지 않는 '비지도 학습'으로 나눌 수 있습니다.

선생님이 있는 '지도 학습'

먼저, '지도 학습'을 알아보겠습니다. 복숭아를 기르는 과수원이 있습니다. 굉장히 큰 과수원입니다. 잘 익은 복숭아를 따서 포장하려고 보면 팔 수 없는 불량품이 종종 발견됩니다. 이 작업을 사람이 일일이 하려면 시간도 오래 걸리고 비용도 만만치 않게 듭니다. 인공지능을 이용해 간단히 불량품을 골라낼 수는 없을까요?

지도 학습을 통해 불량품을 골라내 보겠습니다. 그동안 발견된 불량 복숭아를 사진으로 찍어 데이터를 쌓아 둡니다. 불량이 된 이유는 제각각입니다. 벌레가 먹었더라도 그 형태가 모두 다르지요. 따라서 다양한 종류의 사진을 최대한 많이 모아 둡니다. 마찬가지로 정상인 복숭아 사진도 다양하게 준비해 둡니다. 사진 준비가 끝나면 사람이 사진마다 어떤 게 불량이고 정상인지 라벨을 붙여 놓습니다. 그런 다음 라벨이 붙은 복숭아 사진을

컴퓨터에 모두 넣어 학습시킵니다. 이런 식으로 문제와 함께 답을 알려 주는 기계 학습 방식을 **지도 학습**이라고 합니다.

　인공지능은 지도 학습을 여러 번 반복하면서 스스로 불량과 정상의 특징을 정리해 나갑니다. 그리고 새로운 복숭아를 보면 이미 학습한 답과 맞춰 가며 정상과 불량을 구분할 수 있게 됩니다. 이 과정을 거듭할수록 인공지능은 학습 경험이 쌓여 불량과 정상을 더욱 정확하게 구분합니다. 시간이 지날수록 똑똑해지는 것이지요.

개념 5

선생님이 없는 '비지도 학습'

이번에는 '비지도 학습'을 알아보겠습니다. 한 과수원에서 다양한 품종의 사과를 생산하고 있습니다. 품종별로 맛, 색깔, 크기, 모양 등이 서로 다릅니다. 품종을 선별하는 작업 또한 사람이 일일이 한다면 시간과 비용이 많이 들 것입니다. 인공지능으로 간단히 사과의 품종을 선별할 수는 없을까요?

이번에는 지도 학습이 아닌 '비지도 학습'으로 사과를 선별해 보겠습니다. 지도 학습 때와 마찬가지로 다양한 품종의 사과 사진을 찍어 둡니다. 같은 품종이라도 크기, 모양, 색깔 등에 조금씩 차이가 있습니다. 그래서 사진은 많으면 많을수록 좋습니다.

다양한 품종의 사과 사진이 준비됐습니다. 이번에는 지도 학습 때와 달리 사진마다 어떤 품종인지 라벨을 붙여 답을 알려 주지 않습니다. 답을

알려 주지 않기 때문에 **비지도 학습**이라고 합니다. 이렇게 라벨을 붙이지 않은 내량의 사과 사진을 컴퓨터에 제공합니다. 컴퓨터는 사과 사진을 스스로 정리하며 크기, 모양, 색깔 등 공통점을 찾아 분류합니다. 이 작업을 여러 번 반복하다 보면 사과 사진은 자연스럽게 품종별로 분류됩니다. 라벨을 붙이지 않았기 때문에 품종의 이름은 알 수 없지만, 서로 같은 품종끼리 분류하는 것이 가능합니다.

  비지도 학습은 답을 알려 주지 않기 때문에 의외의 정보나 결과를 얻을 수도 있습니다. 사과를 비지도 학습 인공지능이 분류하면 같은 품종끼리 분류할 뿐만 아니라 비슷한 결함이 있는 불량품끼리 분류해 놓기도 하지요.

인간의 뇌를 흉내 낸 '인공 신경망'

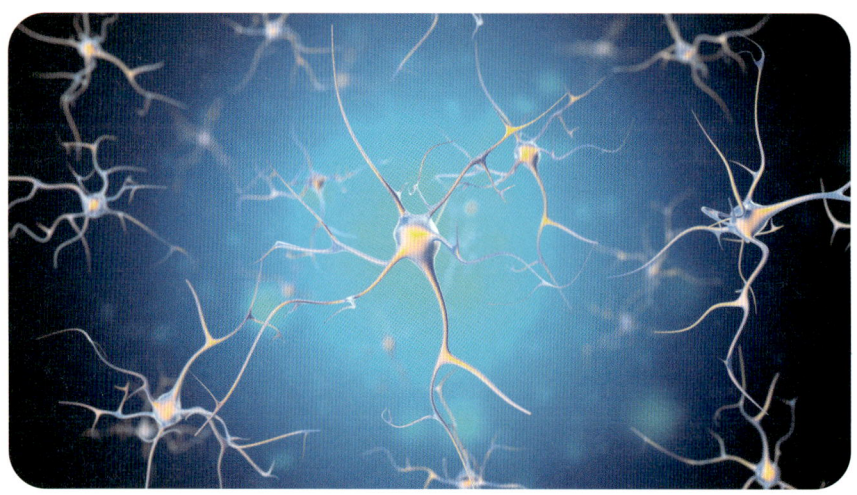

뉴런(신경 세포)은 서로서로 연결되어 정보를 주고 받는다.

앞에서 살펴본 지도 학습과 비지도 학습 모두 인간이 생각하고 문제를 해결하는 방식과는 차이가 있었습니다. 인공지능이 인간과 좀 더 비슷한 방식으로 생각하고 문제를 해결하기 원했던 연구자들은 인간의 뇌를 탐구했습니다.

뇌는 우리의 신체 각 부분을 통솔하는 기관입니다. 뇌에는 무려 1000억 개가 넘는 뉴런(신경 세포)이 있습니다. 뉴런은 인간이 생각하고, 기억하고, 감정을 느끼고, 몸을 움직이게 하는 역할을 합니다.

뉴런은 서로서로 연결되어 네트워크를 형성하고 있습니다. 뉴런에서 나뭇가지처럼 뻗은 '가지 돌기'는 다른 뉴런에게 정보를 전달받는 통로 역할을 합니다. 뉴런 1개에는 무려 1만 개가 넘는 가지 돌기가 있습니다. 이는 뉴런 하나가 전달받는 정보가 굉장히 많다는 뜻이지요.

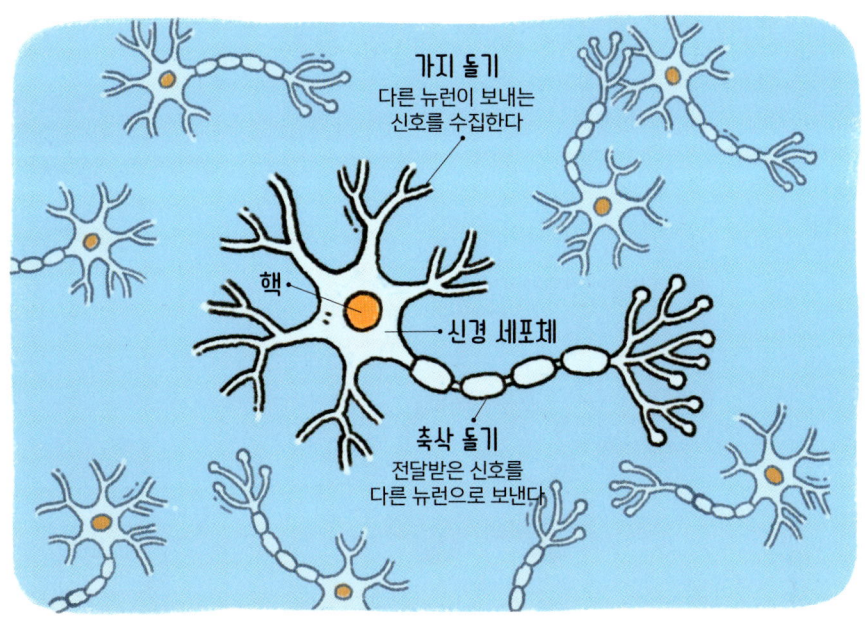

뉴런은 크게 신경 세포체와 가지 돌기, 축삭 돌기로 구성되어 있다.

뇌는 전달받은 정보를 차례차례 다음 뉴런에 보내며 정보를 처리합니다. 그 속도가 엄청나게 빨라 우리는 그 과정이 차례차례 이루어진다는 걸 잘 알지 못하지요. 우리가 크고 사나워 보이는 개를 본 순간 무섭다고 느끼는 것도, 도망가야겠다고 판단하고 행동하는 것도 모두 뉴런이 정보를 차례차례 전달받아 처리한 결과입니다.

연구자들은 이러한 뇌의 정보 처리 방식을 흉내 내 인공지능을 만들고자 했고, 컴퓨터로 뉴런의 네트워크를 흉내 낸 **인공 신경망**이 탄생했습니다. 이제 컴퓨터가 인간의 뇌처럼 정보를 처리하고 문제를 해결하게 된 것입니다.

'빅데이터', 인공지능의 학습 자료

편의점 쇼핑 내역

네비게이션의 길 찾기 내역

메신저로 나눈 대화

　'빅데이터'라는 말을 들어 본 적이 있나요? **빅데이터**는 영어 단어 'big(큰)'과 'data(데이터, 자료)'가 합쳐진 말로, 말 그대로 아주 많은 양의 데이터를 뜻합니다. 이 데이터는 누가 만들어 내는 것일까요?

　데이터는 우리 생활 곳곳에서 만들어지고 있습니다. 우리가 스마트폰을 켜는 순간 데이터가 만들어집니다. 위치 정보가 통신사로 전달되거든요. 지도 앱을 이용할 때도 목적지와 경로 정보가 통신사에 전달됩니다. 편의점 계산대에는 누가 몇 시에, 무엇을, 어디에서, 얼마나 샀는지 기록이 남습니다. 이러한 자료들이 모두 모여 빅데이터가 되는 것이지요.

　빅데이터에는 몇 가지 특징이 있습니다. 첫째, 빅데이터의 양은 상상할 수도 없을 만큼 엄청납니다. 수많은 사람이 온라인과 오프라인 곳곳에서 데이터를 만들어 내기 때문이지요. 게다가 요즘에는 냉장고, 세탁기, 에어

컨도 인터넷과 연결되어 다양한 데이터를 만들어 냅니다. 둘째, 빅데이터는 생성되고 전달되는 속도가 매우 빠릅니다. 실시간으로 만들어진 빅데이터는 빠르게 분석되어 필요한 사람들에게 전달됩니다. 셋째, 빅데이터는 종류가 매우 다양합니다. 구매 기록, 이동 경로, 인터넷에 올린 글과 사진, 소셜 미디어에서 누른 좋아요, 소셜 미디어의 팔로잉 목록, 콘텐츠 이용자 성별과 연령대 등, 그 종류가 셀 수 없을 만큼 다양합니다.

   인공지능은 빅데이터로 학습합니다. 인공지능에게 빅데이터는 인간으로 치면 지금껏 쌓은 경험과 지식이지요. 컴퓨터와 인터넷의 발전으로 인공지능이 빅데이터를 분석하고 학습하게 되면서 인공지능 기술은 더욱 빠르게 발전하고 있습니다.

'딥러닝'으로 인간처럼 학습하게 되다

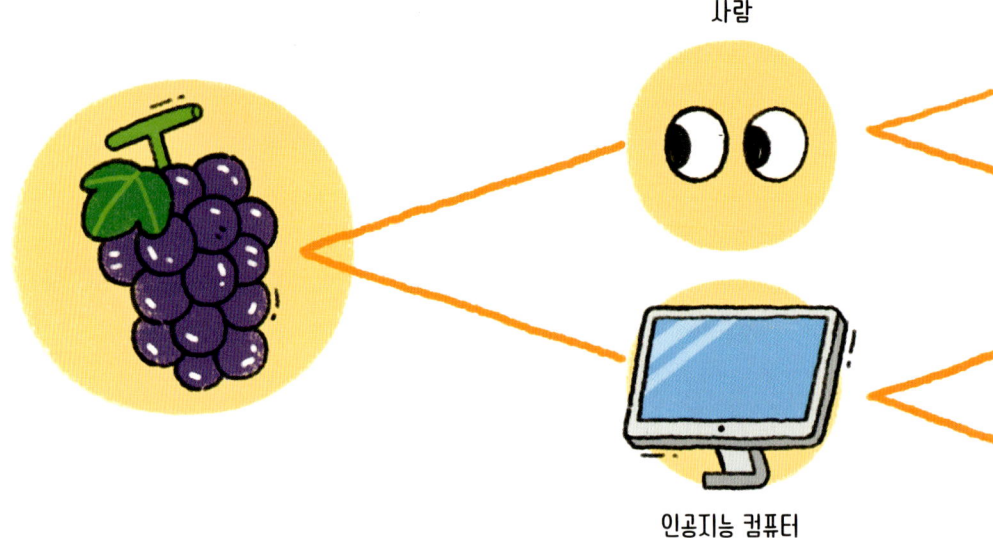

　인공지능과 함께 가장 많이 듣는 말 가운데 하나는 '딥러닝'일 것입니다. 딥러닝은 기계 학습의 한 종류로, 지금은 인공지능이라고 하면 거의 '딥러닝을 하는 컴퓨터 프로그램'을 말합니다.

　앞에서 뉴런은 연결되어 있는 다른 뉴런에 차례차례 신호를 전달하며 정보를 처리한다고 했습니다. 그리고 이를 흉내 낸 인공 신경망을 만들어 컴퓨터가 인간의 뇌처럼 작동할 수 있게 했다는 이야기도 했습니다. **딥러닝**은 바로 이 인공 신경망 기술을 이용한 기계 학습 방식입니다.

　딥러닝을 하는 인공지능은 위 그림처럼 여러 층을 차례차례 거치면서 인식한 데이터를 조합합니다. 딥러닝 초반에는 사물을 '선'의 형태로 인식하고, 이후 여러 단계를 거치며 점차 사물의 윤곽을 잡아 나갑니다. 층이 늘어날수록 정확도는 더 높아집니다. 이러한 딥러닝 과정은 인간이 사물

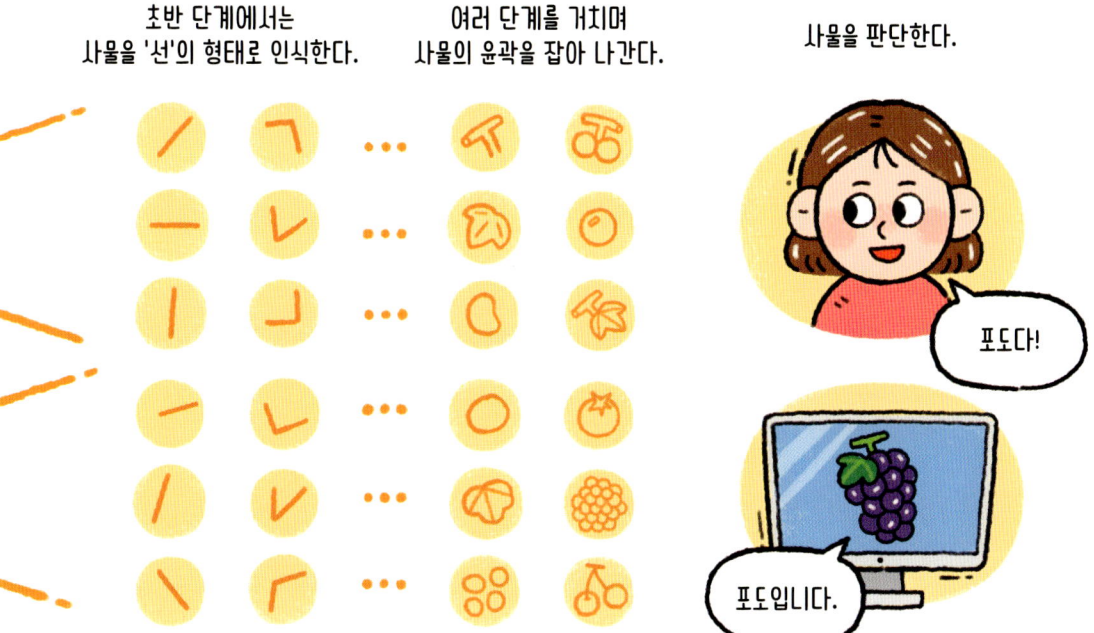

을 파악하는 과정과 같습니다. 여기서 인공지능의 학습 자료인 빅데이터가 아주 중요한 역할을 하지요.

   딥러닝은 기계 학습의 한 종류이지만, 사람이 학습할 내용을 정해 줬던 기존의 기계 학습과는 달리 스스로 학습할 내용을 결정합니다. 그래서 딥러닝은 사람이 전혀 생각하지 못했던 성과를 얻기도 합니다. 컴퓨터가 좀 더 인간처럼 생각하고 학습하게 한 딥러닝 기술은 인공지능을 크게 발전시키고 있습니다.

2부

우리 생활 속 인공지능 살펴보기

인공지능 기술이 우리 삶 속으로 깊이 들어오고 있습니다. 앞으로 기술이 더욱 발전하면 지금보다 더 많은 곳에서 인공지능을 마주하게 될 것입니다. 지금은 놀랍게 느껴지는 인공지능 기술도 앞으로는 당연하고 자연스러운 것이 될지 모릅니다. 2부에서는 우리 생활로 들어오고 있는 인공지능 기술에는 어떤 것들이 있는지 하나하나 살펴보겠습니다.

1 챗봇

어떤 질문에도 답할 수 있는 로봇

2022년 말, 오픈에이아이(Open AI)가 개발한 인공지능 챗봇 '챗GPT'가 공개되며 큰 화제가 되었습니다. 챗봇(chatbot)이란 뭘까요? 챗봇은 '채터(chatter: 수다를 떨다)'와 '로봇(robot)'의 합성어입니다. 우리말로 하면 '수다 떠는 로봇'이라 할 수 있지요. 즉, 챗봇은 사람이 말을 걸면 대답을 하는 로봇입니다.

챗봇이 처음 나왔을 때는 그야말로 심심풀이 정도였습니다. 말을 걸면 프로그램에 입력된 정해진 답변을 하거나 엉뚱한 대답을 내놓았지요. 그래서 몇 마디 이야기 나누다 보면 금세 지루해졌습니다. 그런데 딥러닝 기술이 도입되면서 챗봇은 달라지기 시작했습니다.

챗봇은 카카오톡, 라인 등의 메신저에서 사람들이 나눈 수백 억 건

의 대화를 딥러닝으로 학습했습니다. 단순히 사람의 대화를 달달 외워 흉내 내지 않고, 사람들이 어떤 식으로 대화하는지 그 규칙을 찾아 학습했습니다. 그러자 챗봇과 대화할 때 마치 벽 보고 이야기하는 듯했던 느낌이 사라지고 자연스러운 대화가 가능해졌습니다.

챗봇은 이제 사람들의 대화만 학습하지 않습니다. 인간이 만들어 낸 모든 지식을 딥러닝합니다. 그 양은 사람이 평생 공부해도 다 익힐 수 없는 정도입니다. 딥러닝으로 배운 지식을 대화에 활용하게 된 챗봇은 다양한 분야에서 활약하게 되었습니다.

이제 우리는 궁금한 것이 생기면 인터넷에 검색하는 대신 챗봇에 물어봐 쉽게 답을 얻을 수 있습니다. 구글이나 네이버 같은 검색 엔진에

검색할 때는 원하는 정보를 찾기 위해 몇 번이고 검색해야 할 때가 많습니다. 하지만 챗GPT 같은 챗봇은 복잡한 문장으로 질문해도 바로 알아듣고 필요한 정보를 찾아 정리해 줍니다. 질문만 적절하게 하면 파워포인트 발표 자료를 만들어 주거나 코딩을 해 주기도 합니다. 소설을 쓰거나 외국어를 번역해 주기도 하고, 필요한 이미지나 동영상을 만들어 주기도 하지요.

이제 챗봇은 금융, 법률, 의료 등 전문 분야에서도 질문을 하면 적절히 상담해 줍니다. 하지만 챗봇이 항상 정확하고 적절한 답변을 해 주는 것은 아닙니다. 엉뚱한 내용을 마치 사실인 것처럼 말할 때가 있는 것이지요. 그래서 챗봇의 답변을 무작정 신뢰하는 것은 금물입니다. 아

직은 챗봇의 답변을 하나의 참고 자료로만 활용하는 것이 좋습니다. 인공지능 기술이 빠르게 발전하고 있기 때문에 앞으로 챗봇의 정확도와 신뢰도는 더욱 높아질 것입니다.

② 인공지능 비서

24시간 일하는 내 손안의 비서

스마트폰에서 빅스비나 시리 같은 기능을 이용해 본 적 있나요? "엄마에게 전화해 줘"라고 말하면 직접 전화번호를 누르지 않아도 자동으로 엄마와 전화 연결이 됩니다.

이런 프로그램을 '인공지능 비서'라고 부릅니다. 앞으로 인공지능 비서가 더욱 발전하면 엄마에게 전화를 거는 단순한 일뿐만 아니라 음식점이나 기차표를 예약해 주고 업무 일정을 짜 주는 등 진짜 비서처럼 인간의 일을 보조할 것입니다.

인공지능 비서는 스마트폰 이용자가 자주 쓰는 단어, 즐겨 찾는 사이트, 좋아하는 음악 등 평소 이용자의 생각이나 습관, 취향 등을 알 수 있는 데이터를 딥러닝하여, 이용자에게 가장 필요한 것이 무엇인지 알

아냅니다. 그래서 이용자가 명령을 내리면 인공지능 비서는 딥러닝한 정보를 바탕으로 스마트폰 앱을 작동시킵니다.

　인공지능 비서는 스마트폰 이용자의 이용 시간이 늘어날수록 더 많은 데이터를 학습하며 더욱 뛰어난 성능을 보입니다. 이용자가 내린 명령에 모르는 단어가 있으면 스스로 검색해 학습하기도 하지요. 점점 다양한 일을 해내는 인공지능 비서를 보고 있으면 공상 과학 영화에 나오는 것처럼 똑똑한 인공지능 로봇의 등장이 머지않아 보입니다.

3 로봇 청소기

쓰면 쓸수록 청소를 잘하는 로봇

인공지능 기술이 들어간 가전제품 중 가장 많이 사용되고 있는 것은 로봇 청소기 아닐까요? 로봇 청소기는 스스로 움직이며 집 안 구석구석에 쌓인 먼지를 깨끗이 청소합니다.

로봇 청소기에서 중요한 기능은 벽이나 기둥 같은 장애물을 피해 방향을 잘 바꾸고 건너뛰는 곳 없이 바닥을 꼼꼼하게 청소하는 것입니다. 초창기에 나왔던 로봇 청소기에는 충돌을 감지하는 센서가 달려 있어 벽에 부딪히면 그제야 방향을 바꿨습니다. 직접 부딪히며 경로를 알아내야 하니 시간도 많이 들고, 장애물 사이에 끼어 움직이지 못하거나 문턱을 넘어서 가지 말아야 할 곳까지 가 버리기도 했습니다.

최신 로봇 청소기에는 딥러닝을 하는 인공지능 기술이 탑재되어 있

청소기가 왜 집 밖에 나와 있지?

그건 옛날 일!!!

습니다. 인공지능 로봇 청소기는 초음파나 카메라 등을 통해 장애물을 파악하고 그 정체가 무엇인지까지 확인합니다. 그리고 피할지 말지를 스스로 결정합니다. 문턱 같은 경우에는 넘어가야 하고 사람의 발이라면 피해 가야 하지요.

인공지능 로봇 청소기는 집을 구석구석 청소하며 집 안을 파악합니다. 딥러닝을 통해 집의 구조와 변화를 파악하고, 그에 맞춰 가장 적합한 경로를 탐색합니다. 인공지능 로봇 청소기는 쓰면 쓸수록 더 많은 데이터를 쌓아 점점 더 청소를 잘하게 됩니다.

4 스마트 홈

사물들끼리 대화하며 알아서 일하는 집

인터넷으로 집 안의 모든 가전제품을 연결하는 기술은 '사물 인터넷(IoT, Internet of Things)', 혹은 '유비쿼터스'라는 이름으로 연구되었습니다. 유비쿼터스는 '어디에나 컴퓨터가 있다'라는 뜻으로, 모든 사물이 컴퓨터와 연결되어 있음을 의미합니다. 하지만 지금은 이 단어들을 잘 사용하지 않습니다. 서로 다른 회사의 가전제품을 하나로 연결하는 일이 어려워 널리 사용되지 못했기 때문입니다.

스마트폰이 보편화되고 가전제품에 스마트폰 연동 기능이 생기면서 사물 인터넷의 기능은 스마트폰 앱에 녹아들게 되었습니다. 인공지능이 탑재된 가전제품과 이와 연결된 스마트폰 앱을 이용하면 냉장고를 열지 않아도 안에 무엇이 들어 있는지 알 수 있고, 보일러나 에어컨을

켜 둔 채 집을 나와도 스마트폰 앱을 통해 끌 수 있습니다.

집 안의 모든 가전제품에 인공지능이 탑재되어 있고 이들이 모두 인터넷을 통해 연결되어 있다면 인공지능 시스템이 온 집 안을 스스로 관리할 수 있습니다. 냉장고에 식재료가 떨어지면 필요한 만큼 주문하고, 집주인이 돌아올 시간에 맞춰 집 안 온도를 쾌적하게 조절하며, 집주인 얼굴을 인식해 문을 자동으로 열어 줄 수도 있지요. 인공지능 시스템이 구축된 집에서는 사물들끼리 데이터를 주고받으며 다양한 일을 처리할 것입니다.

5 자율주행차

목적지까지 스스로 찾아가는 자동차

'자율주행차'란 사람이 운전하지 않아도 스스로 목적지를 찾아가는 자동차를 말합니다. 자율주행차가 목적지까지 잘 도착하기 위해서는 GPS, 3D 카메라, 라이다, 초음파 센서, 레이더 등이 필요합니다. 특히 라이다는 레이저를 쏴 근처 사물과의 거리, 사물의 종류 등을 파악하며 자율주행차의 눈 역할을 합니다. 자율주행차가 여러 돌발 상황을 정확하게 판단하고 대처하기 위해서는 수많은 사례를 딥러닝시키고 사람이 여러 번 운전하며 학습시켜야 합니다.

국제자동차기술자협회(SAE International)는 자율주행 단계를 레벨 0부터 레벨 5까지 총 6단계로 구분했습니다. **레벨 0**은 비자동화 단계로, 자율주행 기능이 없어 운전자가 모든 운전을 담당합니다. **레벨 1**은 자

라이다: 주변 환경을 360도로 인식한다.
GPS: 차량의 위치와 경로를 파악한다.
3D 카메라: 신호등, 다른 차량, 보행자 등 장애물을 구별한다.
초음파 센서: 가까운 차량을 인식한다.
레이더: 앞뒤 차량을 확인한다. (차량 앞뒤로 달려 있음.)
컴퓨터 시스템: 모든 장치의 데이터를 분석해 움직임을 제어한다.

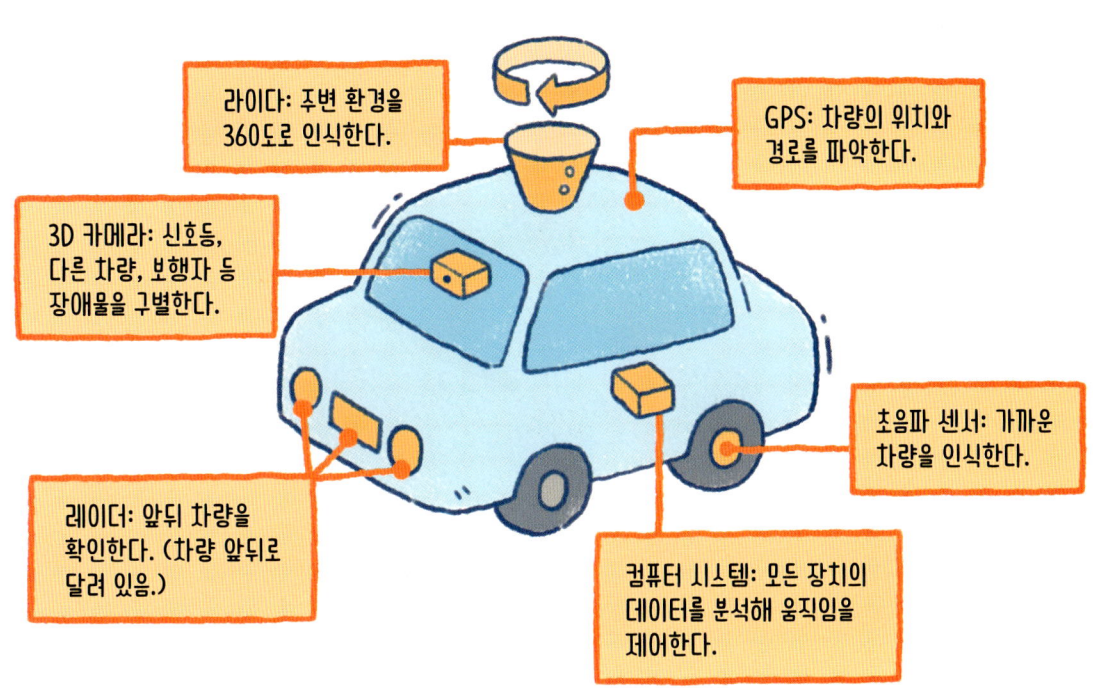

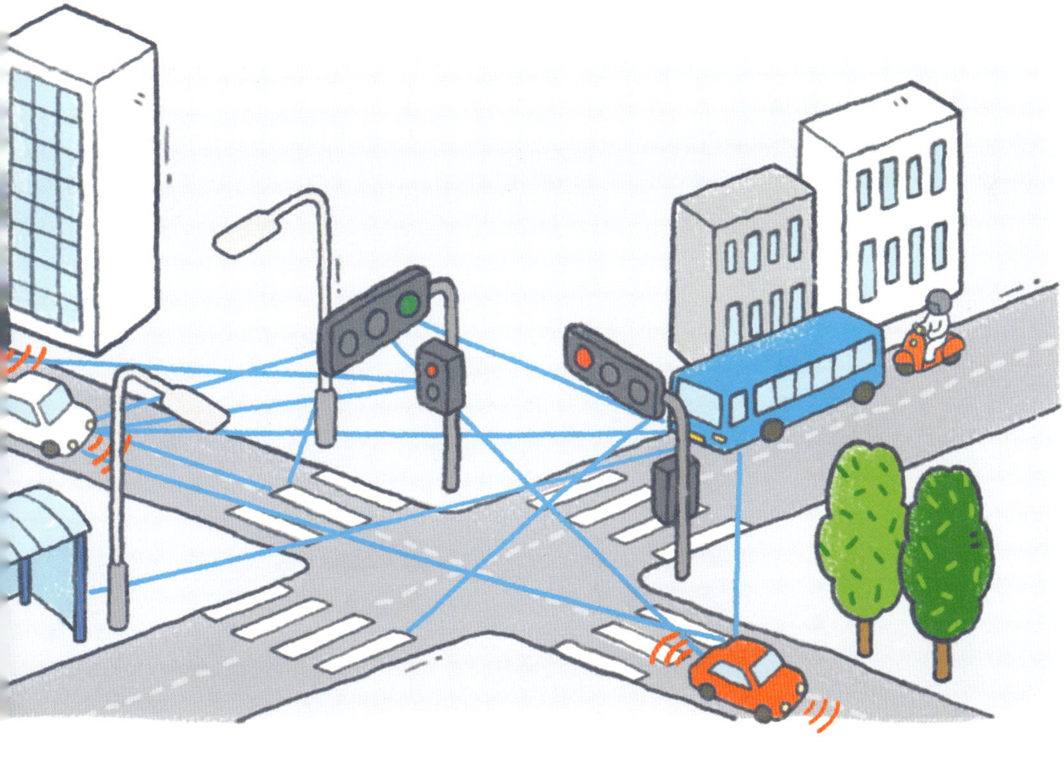

율주행 기능이 조금씩 사용되는 단계로, 자동차가 앞차와의 간격을 고려해 속도를 조절합니다. 고속도로 운전 시 알아서 일정한 속도를 유지하고, 차선을 이탈하지 않도록 방지할 수 있습니다. 레벨 2부터는 운전자가 운전을 하지 않아도 자동차가 알아서 속도와 방향을 제어합니다. 하지만 예상치 못한 장애물이 나타나면 판단을 내리지 못하기 때문에 운전자가 항시 대기하고 있어야 합니다. 레벨 3은 본격적으로 자율주행을 하는 단계로, 자동차가 스스로 장애물을 감지하고 피할 수 있습니다. 하지만 완벽한 자율주행 단계는 아니어서 자동차가 개입 요청을 하면 운전자가 도와주어야 합니다. 레벨 4부터는 완전 자율주행이 가능한 단계입니다. 돌발 상황에도 자동차가 안전하게 대응하지만, 때에 따

[자율주행 6단계]

라 운전자에게 개입을 요청할 수 있습니다. **레벨 5**는 운전자가 필요 없는 완전 자동화 단계입니다. 그래서 핸들, 브레이크, 엑셀 등의 장치가 필요하지 않지요. 탑승자는 운전에 신경 쓸 필요 없이 자기 일에 집중할 수 있습니다.

전체 교통사고의 약 90퍼센트는 사람의 실수로 인한 것이라고 합니다. 앞으로 자율주행차가 더욱 발전하여 보편화되면 교통사고가 크게 줄어들 것이라 기대됩니다. 하지만 그렇게 되려면 아직 더 많은 기술이 개발되어야 하고, 사고가 났을 때 누구에게 책임을 물어야 할지 등 제도적인 준비 또한 필요합니다.

6 인공지능 도로

교통을 원활하게 관리하는 시스템

사람이 북적북적 많은 큰 도시는 교통이 복잡합니다. 특히 출근 시간이나 등교 시간, 주말에 나들이 가는 시간에는 이동하는 사람이 많아 차가 엄청나게 막히고 붐비지요. 이럴 때 인공지능을 이용해 교통 흐름을 원활하게 만들 수는 없을까요?

인공지능 도로는 도로 상황을 센서나 카메라, 레이더 등으로 수집하고 인공지능으로 분석하여 교통 흐름을 원활하게 만드는 도로 시스템입니다. 인공지능 도로는 실시간 교통 정보를 알려 주며 자동차가 가장 효율적이고 안전하게 주행할 수 있도록 도와줍니다. 교통 체증이 심한 곳에서는 신호등의 신호 길이를 조절해 차가 덜 막히도록 하지요. 이런 도로 시스템은 인공지능이 수많은 화면을 동시에 보며 도로 상황을 파

교통사고가 잦은 큰 도로, 교통 혼잡 구역, 어린이 보호 구역 등을 인공지능 도로로 만들면 교통안전에 큰 도움을 받을 수 있다.

악하고, 어떻게 신호를 조절해야 교통 체증을 줄일 수 있는지 학습했기 때문에 가능합니다.

   경찰차나 구급차, 소방차가 출동할 때도 인공지능이 도움을 줄 수 있습니다. 도시 어딘가에 불이 나면 인공지능은 소방차가 화재 현장에 가장 빠르게 도착할 수 있는 경로를 탐색합니다. 또, 출동한 소방차가 신호등에 걸리지 않도록 녹색 신호를 유지하지요. 그러면 소방차는 교통 신호의 방해를 받지 않고 불이 난 곳으로 재빨리 달려가 불을 끌 수 있습니다.

7 스마트 시티

인공지능으로 만드는 똑똑한 도시

집과 도로를 넘어 도시 자체를 '인공지능화'할 수도 있습니다. 도시의 모든 것을 인공지능으로 연결해 똑똑한 도시, 즉 '스마트 시티'를 만드는 것입니다. 인공지능으로 스마트 시티를 조성하면 교통 체증, 시설 노화, 인구 밀집, 각종 범죄 등 도시의 여러 가지 중요한 문제를 개선할 수 있습니다.

스마트 시티에서는 인공지능이 도시의 모든 부분을 점검하고 조절합니다. 길이 막히는 곳에서는 신호 길이를 조절하고 사람이 많은 곳에는 자율주행 택시를 보냅니다. 또, 육교나 횡단보도 등 도시에 필요한 시설을 파악하고, 건물을 지을 때 다른 집 창문을 가리지 않도록 건물의 모양과 높이 등을 설계해 줍니다.

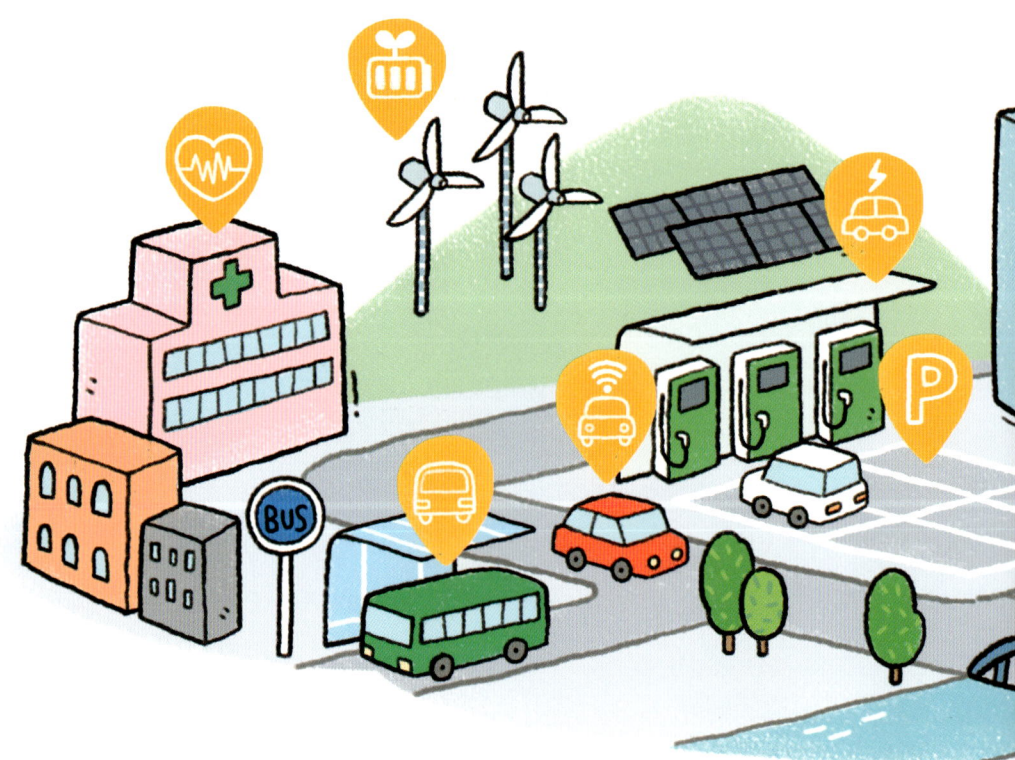

현재 우리나라에서는 여러 지방 도시를 스마트 시티로 만들려 하고 있습니다. 대구광역시는 교통을 중심으로 한 스마트 시티를 조성하고 있고, 시흥시는 환경·에너지 분야의 기술을 적용한 스마트 시티가 되어 가고 있습니다.

해외 스마트 시티로는 네덜란드의 수도 암스테르담이 유명합니다. 자전거를 이용하는 시민이 매우 많은 '자전거의 도시' 암스테르담은 교통과 에너지를 중심으로 한 스마트 시티를 조성하고 있습니다.

8 추천 알고리즘

내가 뭘 좋아할지 알고 있는 플랫폼

내 관심사와 취향에 딱 들어맞는 콘텐츠를 줄줄이 추천해 주는 유튜브, 틱톡과 같은 온라인 플랫폼을 이용하다 보면 플랫폼이 나를 항상 감시하고 있는 게 아닌가 하는 생각이 듭니다. 이런 온라인 플랫폼은 어떻게 이용자 개개인에게 딱 맞는 콘텐츠를 추천해 주는 것일까요?

이용자 개개인에 맞춰 콘텐츠를 추천해 주는 시스템을 '추천 알고리즘'이라고 합니다. 추천 알고리즘은 빅데이터와 인공지능을 활용한 기술입니다. 인공지능이 플랫폼 이용자의 국적, 성별, 연령대, 시청 기록, 좋아요, 구독 등 각종 데이터를 수집하고 학습한 결과이지요. 이용자의 데이터를 분석한 인공지능은 이용자가 좋아할 만한 또 다른 콘텐츠를 찾아 이용자에게 끊임없이 노출합니다.

이러한 추천 알고리즘은 '필터 버블(Filter Bubble)'을 만들기도 합니다. 필터 버블이란 온라인 플랫폼이 이용자의 성향에 맞춘 정보만 추천해 이용자가 필터링된 정보만 접하게 되는 현상을 말합니다. 즉, 추천 알고리즘으로 인해 이용자가 자기 성향과 비슷한 정보 속에 갇히게 되는 현상이지요.

　건강한 가치관을 형성하기 위해서는 자기 성향과 다른 정보도 골고루 접하며 판단할 수 있어야 하는데, 필터 버블 현상은 이를 방해합니다. 따라서 우리는 평소에 의도적으로 다양한 생각과 정보를 찾아보려고 노력할 필요가 있습니다.

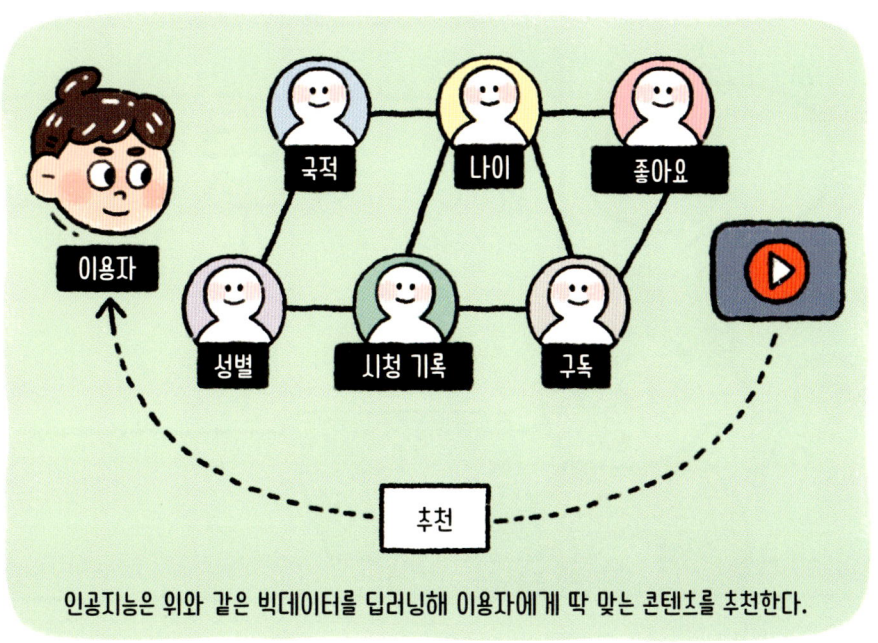

인공지능은 위와 같은 빅데이터를 딥러닝해 이용자에게 딱 맞는 콘텐츠를 추천한다.

9 번역
날로 발전하는 인공지능 번역기

인공지능의 번역 기술이 빠르게 발전하고 있습니다. 미래에는 정말 외국어를 배우지 않아도 되는 세상이 올까요? 초창기 번역기는 많은 양의 단어와 예문이 입력되어 있어 그 안에서 단어와 문장을 찾아 번역하는 정도였습니다. 그런데 딥러닝 인공지능이 번역기에 들어가게 되면서 초창기와는 비교할 수 없을 정도로 엄청난 양의 문장을 번역기가 학습하고 통계적으로 옳은 표현을 선택할 수 있게 되었습니다. 인공지능 번역기는 사람들이 사용하면 할수록 더 많은 경험을 쌓고 그 경험을 딥러닝하며 더 정확한 번역을 하게 됩니다.

현재 세계적으로 가장 많이 쓰이는 인공지능 번역기는 '구글 번역기'입니다. 알파고를 만들었던 구글답게 구글 번역기는 2016년부터 딥러

닝을 하고 있습니다. 인공지능은 사람보다 훨씬 빠른 속도로 번역하므로 한꺼번에 많은 양의 데이터를 번역할 때 큰 도움이 됩니다. 국제기구에서는 나라별 법이나 정부 발표 등을 인공지능 번역기로 초벌 번역한 뒤 전문 번역가가 최종 검토하도록 하고 있습니다.

  번역기 성능이 점점 좋아지면서 번역기 이용자도 계속 늘고 있습니다. 이용자 수 증가로 점점 더 많은 데이터를 학습하고 있는 인공지능 번역기는 앞으로 더욱 정확하고 자연스럽게 외국어를 번역하게 될 것입니다.

의료

기대되는 인공지능 의사의 활약

병원의 의료 시스템은 진단, 치료, 예방, 수술, 간호 등 여러 분야로 나뉘어 있습니다. 이 가운데 인공지능은 진단과 치료 분야에서 크게 활약하고 있습니다.

의사들은 엑스레이(X-ray), 엠알아이(MRI) 등 영상 기술을 이용해 환자의 몸속 곳곳을 촬영하고 영상 자료를 분석해 병을 진단합니다. 이러한 의료 분야를 '영상의학과'라고 합니다. 의사들은 영상 자료를 파악하고 병을 진단하기 위해서 오랜 시간 공부하고 경험을 쌓습니다. 그런데 인공지능 기술을 이용하면 짧은 시간에 엄청난 양의 영상 자료를 학습하고 분석하여 정상 세포와 비정상 세포를 구별해 낼 수 있습니다.

특히 작은 도시에는 영상 의학 전문의가 부족한 곳이 많습니다. 그래

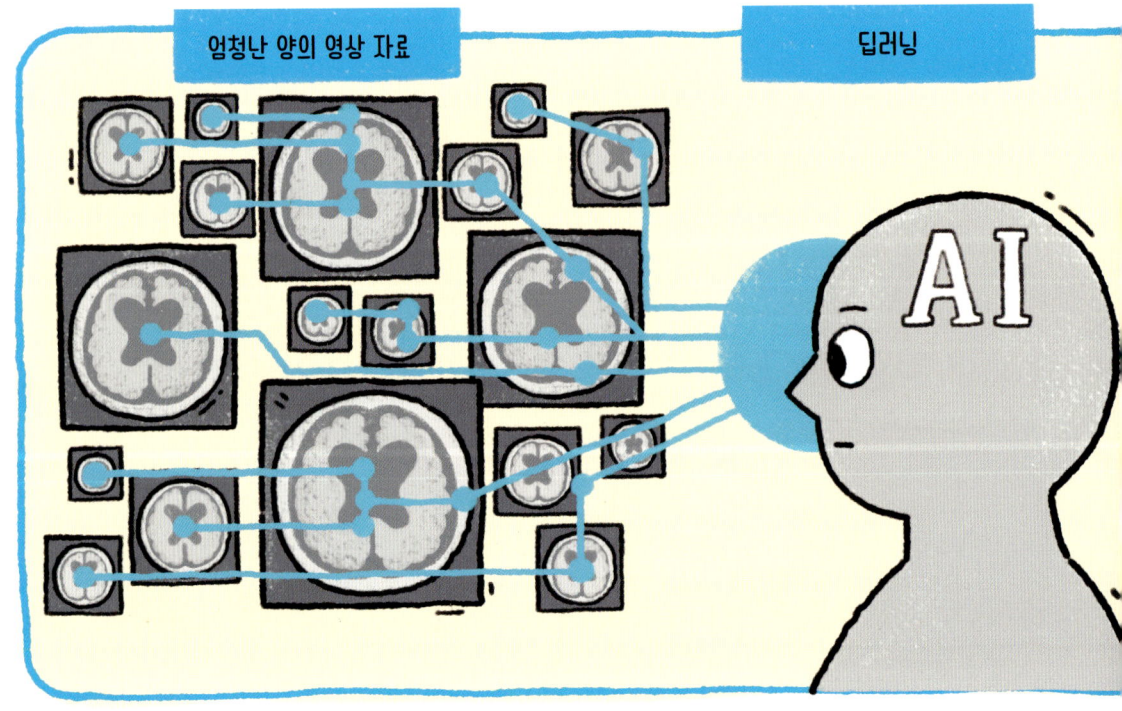

서 이런 지역 병원에 인공지능 기술이 보급되면 큰 도움을 받을 수 있을 것입니다.

또한 인공지능은 방대한 의학 지식을 빠른 시간에 학습해 각 환자에 맞는 치료법을 지원하고, 질병을 예방하도록 도움을 줄 수 있습니다. 앞으로 인공지능 기술이 더욱 발전하면 병의 진단과 치료 분야에서 인공지능 의사가 활약할 것으로 기대됩니다.

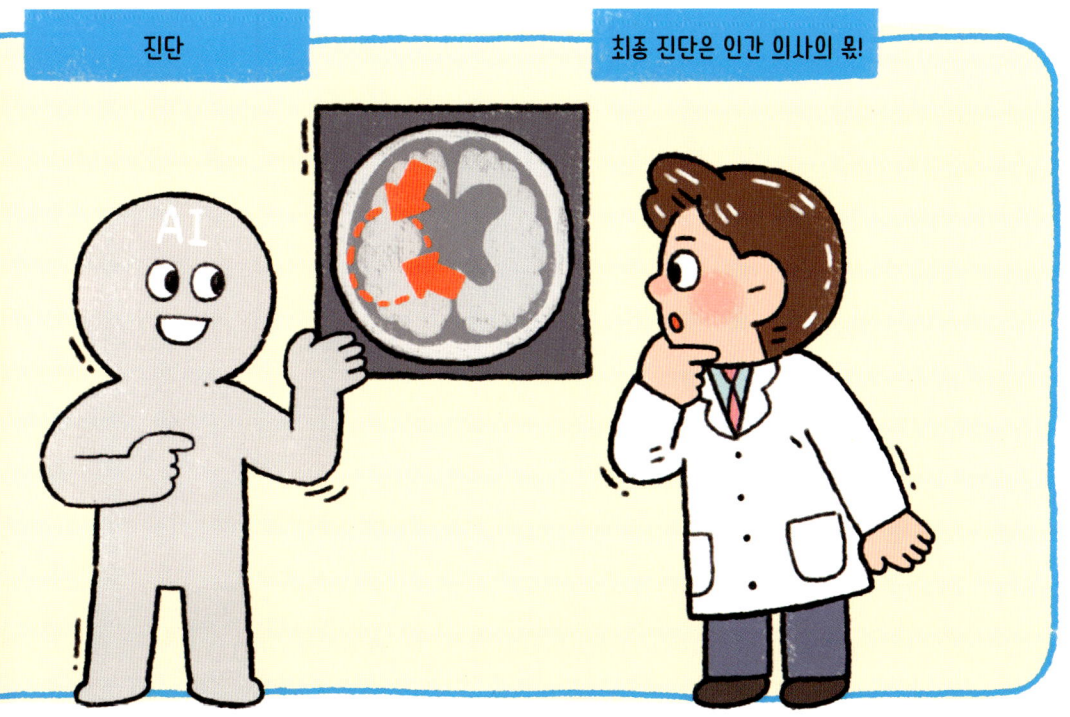

11 법률
재판 자료를 순식간에 학습하는 인공지능

변호사, 판사, 검사 등 법과 관련된 일을 하는 법률가는 어마어마한 양의 법조문을 달달 외우고 있어야 합니다. 그래서 법률가가 되기 위한 시험은 어렵기로 유명하지요.

예를 들어 법조문에 사과 한 개를 훔쳤을 때와 두 개를 훔쳤을 때의 처벌은 나와 있는데, 한 개 반을 훔쳤을 때의 처벌은 나와 있지 않다고 해 봅시다. 이럴 때 판사는 과거 비슷한 사건에서 어떤 판결이 내려졌는지 참고하여 판결합니다. 이렇게 이전에 내려진 판결에 대한 기록을 '판례'라고 합니다. 변호사와 검사는 각자의 주장을 뒷받침하기 위해 법조문을 인용하고 판례를 참고하여 죄의 유무와 처벌 정도를 주장하지요.

법조문을 다 외우기도 어려운데 방대한 판례까지 외우는 것은 인간

법조문은 물론 엄청난 양의 판례도 순식간에 학습!

에게 너무 어려운 일입니다. 판례는 지금 이 순간에도 계속 생겨나고 있거든요. 그래서 판사나 변호사는 중요한 판례 몇 가지만 기억해 둡니다. 하지만 인공지능이라면 법조문을 달달 외우고, 기존 판례를 모두 기억하고, 새로운 판례까지 빠르게 파악할 수 있습니다. 인공지능은 1초당 10억 건의 문서를 읽을 수 있다고 하니 말입니다.

실제로 에스토니아에서는 한국 돈 약 1000만 원 이하의 돈을 다루는 재판은 '인공지능 판사'가 맡고 있습니다. 미국에서는 '인공지능 변호사'가 판례를 학습하며 인간 변호사에게 도움을 주고 있지요.

12 보도
세계 곳곳의 소식을 실시간으로 전하는 인공지능

뉴스 기사에는 오랜 시간 취재하고 깊이 있게 분석한 심층 기사도 있지만, 날마다 정해진 시간에 전하는 뉴스나 실시간으로 전해야 하는 사건·사고 뉴스도 많습니다. 정해진 틀에 맞춰 사건이나 사실을 전하는 일은 인공지능이 아주 잘하는 분야이지요. 그래서 뉴스 보도에 이미 많은 인공지능 기자가 활약하고 있습니다.

인공지능 기자들은 주로 내용이 간단하고 형식이 정해진 스포츠나 날씨, 주식에 대한 기사를 씁니다. 예를 들어 축구 경기에 관한 기사를 쓴다고 하면, 인공지능 기자는 실시간으로 중계 영상을 분석하며 경기가 어떻게 진행되고 있는지 파악합니다. 어느 선수가 상대편 진영에 있는 시간이 많았다면 그 선수가 열심히 공격했다고 판단합니다. 또, 공

을 많이 가지고 있었던 선수가 그 경기를 이끌었다고 판단하지요. 중간중간 축구 해설자들이 말한 내용을 받아 적기도 합니다. 그러면 경기가 끝남과 동시에 기사를 완성할 수 있습니다.

인공지능 기자 덕분에 세계 곳곳의 소식을 좀 더 빠르게 접할 수 있게 되었습니다. 인공지능 기자가 단순한 사실을 전달하는 기사를 작성해 주고, 기사를 쓰기 위한 자료 수집을 도와준다면 인간은 좀 더 깊이 있고 개성 있는 기사를 쓰는 데 더 많은 시간을 투자할 수 있습니다.

13 주식 투자

주식 투자를 도와주는 인공지능

회사가 상품을 만들어 팔기 위해서는 사무실을 빌리고 사람을 고용하고 필요한 재료와 물건을 사는 등 많은 돈이 필요합니다. 회사는 사람들에게 주식을 팔아 그 돈을 만들기도 합니다. 주식을 산 사람은 소유한 주식만큼 회사에 자기 몫을 가진 셈입니다. 이들은 회사에 수익이 많이 나면 배당금(주식 소유자에게 주는 회사의 이익 분배금)을 받기도 하고, 주식 가격이 오르면 주식을 되팔아 돈을 벌 수도 있습니다.

주식을 살 때 가장 중요한 것은 좋은 회사를 고르는 일입니다. 좋은 물건을 만드는 회사, 앞으로 더 성장할 회사의 주식은 앞으로 값이 오를 가능성이 높기 때문이지요. 주식 투자 전문가는 이렇게 주식을 사며 투자할 만한 회사를 골라 주는 일을 전문적으로 하는 사람입니다.

또 앞으로 주식 시장이 어떻게 변하고 경제가 어떻게 나아갈지 예측하고 조언해 주기도 하지요.

최근에는 인공지능이 이런 주식 투자 전문가의 역할을 대신하기 시작했습니다. 인공지능은 광범위한 경제 데이터를 딥러닝하며 앞으로의 주가(주식의 가격)를 예측합니다. 인공지능은 일 처리가 빠르고 철저하게 데이터 기반으로 움직이기 때문에 사람보다 훨씬 빠르고 정확하게 많은 양의 데이터를 분석할 수 있습니다. 하지만 경제는 전쟁이나 자연재해 같은 예측하기 힘든 사건의 영향을 받기도 합니다. 인공지능의 데이터 분석이 항상 옳은 것도 아니지요. 따라서 주식 투자 시 인공지능을 무작정 믿는 것은 위험한 일입니다.

장기적인 경제 예측은 아직 인간의 몫이다.

14 인사 관리
직원 채용과 업무 평가를 도와주는 인공지능

회사에서는 좋은 상품을 만들어 잘 파는 것만큼이나 중요한 일이 능력 있는 사람을 채용하고, 일 잘하는 직원을 다른 회사로 빠져나가지 않게 하는 것입니다. 그러기 위해서는 직원들에게 교육과 복지를 적절히 제공해 일을 더 잘할 수 있게 돕고, 일 잘하는 직원에게는 그에 따른 충분한 보상을 하며 더 좋은 환경에서 일할 수 있도록 해야 하지요.

이렇게 회사에서 직원을 채용하고 업무를 평가하며, 적절한 대우를 받도록 관리하는 일을 '인사 관리'라고 합니다. 인사 관리는 모든 회사가 어려워하는 일입니다. 인사 관리에는 전문적인 지식은 물론 수많은 인력과 예산이 필요합니다. 대학에는 인사 관리만 연구하는 학문 분야도 따로 있습니다.

최근에는 인사 관리에 인공지능 기술이 활용되고 있습니다. 신입 사원 채용과 직원들의 업무 평가에 인공지능 시스템을 도입하고 있는 것입니다. 인공지능은 과거의 채용 및 업무 평가 데이터를 사람과는 비교도 할 수 없을 정도로 매우 빠르게 학습한 뒤 평가에 투입됩니다.

　인공지능은 철저히 데이터를 기반으로 평가하기 때문에 평가 결과가 한쪽으로 치우치지 않도록 데이터와 시스템 관리가 필요합니다. 인공지능 평가 시스템이 정상적으로 작동한다면 회사는 좀 더 공정하고 효율적으로 인사 관리를 할 수 있을 것입니다.

15 스포츠 — 필요한 훈련을 알려 주는 인공지능 코치

스포츠 분야에서는 선수의 훈련을 돕는 '인공지능 코치'가 활약하고 있습니다. 대한민국 양궁 국가대표팀은 2021년 도쿄 올림픽에서 금메달을 4개나 따냈는데, 이러한 성과에는 인공지능 코치의 활약이 있었습니다.

인공지능 코치는 선수의 동작을 카메라로 찍어 관찰하고, 심장 박동 수, 숨 쉬는 횟수까지 체크했습니다. 그리고 그 자료를 분석하여 선수가 어떤 자세와 움직임, 호흡으로 활을 쐈을 때 좋은 점수가 나오는지 알아냈습니다. 감독과 코치는 인공지능 코치의 분석을 참고해 선수들을 가르치고 훈련시켰습니다. 어느 선수에게 어떤 연습이 필요한지, 어떤 버릇을 고쳐야 하는지 알려 줄 수 있었지요.

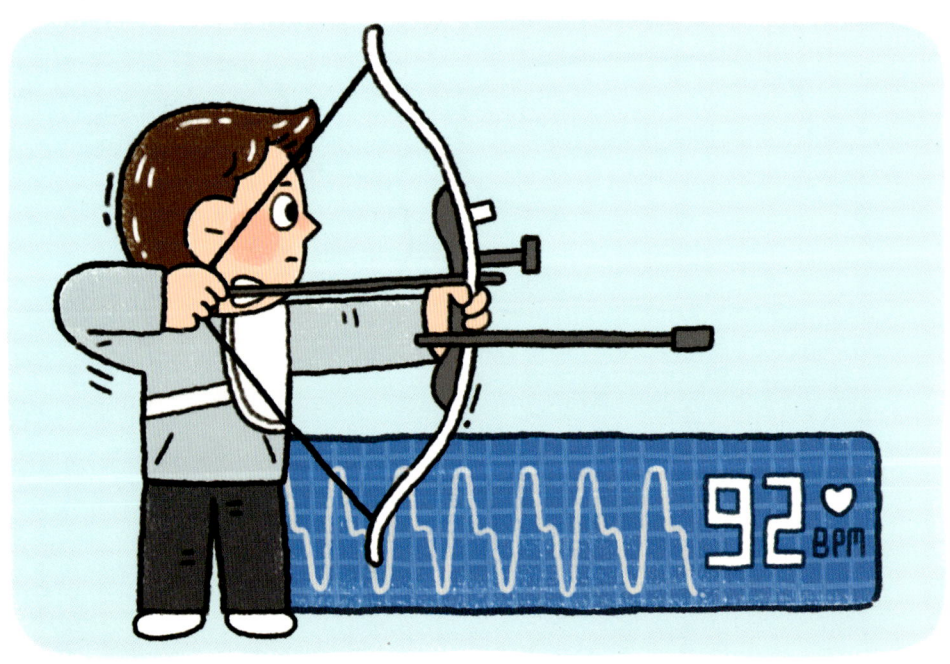

선수의 자세, 습관, 심박수 등을 분석해 경기력을 향상시킨다.

인공지능 코치는 양궁뿐 아니라 다른 스포츠에서도 활약하고 있습니다. 특히 축구와 농구 같은 단체 스포츠에 큰 도움이 됩니다. 축구나 농구에서 좋은 성적을 내기 위해서는 선수 개개인의 실력도 중요하지만, 팀워크와 전술도 매우 중요합니다. 인공지능 코치는 수많은 경기 영상을 분석하며 어떤 팀이 어떤 전술을 많이 쓰고, 어떤 전술을 썼을 때 좋은 성적을 냈는지 알아냅니다. 따라서 이를 참고해 훈련한다면 팀 경기에서 큰 도움을 받을 수 있습니다.

어떤 방식으로 공격하고 수비하면 좋을지 최적의 전술을 알아낸다.

16 드론

어디든 필요한 곳으로 날아가는 드론

물건을 드론으로 배송하는 '드론 배송'이 주목받고 있습니다. 인공지능이 탑재된 드론은 자율주행차처럼 사람이 직접 조종하지 않아도 스스로 길을 찾아갑니다. 또 사람이 조종할 때보다 장애물과 돌풍을 더 잘 피할 수 있습니다.

드론 배송 서비스 개발에 가장 공을 들이고 있는 기업은 세계 곳곳에 온라인 쇼핑몰을 운영하는 아마존입니다. 아마존 본사가 있는 미국은 땅이 매우 넓고 집과 집 사이가 멀어 한 배송지에서 다른 배송지로 이동하는 일이 특히 어렵습니다. 그래서 배송하는 데 드는 시간과 비용을 줄이기 위해 드론 배송 기술을 열심히 연구하고 개발하고자 하는 것이지요.

[인공지능 드론의 다양한 역할]

택배 배송

고속도로 단속

우리나라 전라남도의 여러 회사도 드론 배송 기술을 개발하기 위해 노력하고 있습니다. 전라남도에는 섬이 아주 많아 '다도해'라 불리는 곳이 있는데, 이 섬들에 택배를 빠르게 배송하기 위해서입니다. 드론 배송 기술이 개발되면 택배 배송뿐만 아니라 섬에 긴급 환자가 있을 때 약이나 혈액 등을 빠르게 배송해 소중한 생명을 구할 수도 있습니다.

인공지능 드론은 배송 말고도 다양한 분야에서 활약하고 있습니다. 고속도로에서 교통 위반 차량을 단속하기도 하고, 산 곳곳을 비행하며 산불을 감시하기도 합니다. 또, 사람 대신 위험한 산업 현장에 투입되어 상황을 파악하고 적절한 조치를 취하는 데에도 활용되고 있습니다.

산불 감시   위험 산업 투입

17 디지털 복원

오래된 것을 새것처럼 되살리는 기술

오래된 고전 영화를 좋아하는 사람이 여전히 많습니다. 최근에는 옛날 영화를 복원해 판매하거나 상영해 주는 곳이 많이 생겼습니다. 세월이 흐르며 흠집이 나거나 색이 변한 필름을 디지털 복원 기술로 복구할 수 있게 된 것입니다.

디지털 복원 전문가는 오래된 필름을 컴퓨터에 입력한 뒤 보정 프로그램으로 한 장 한 장 보정하고 덧그려 사진과 영상을 복원합니다. 이 작업은 숙련된 전문가가 오랜 시간 걸려 해야 하는 작업이지요.

이제 디지털 복원 분야에서도 인공지능 기술을 이용하고 있습니다. 인공지능에게 대량의 복구 전 필름과 복구 후 필름을 보여 주면, 인공지능은 손상된 필름을 어떻게 고쳐야 하는지 배웁니다. 그리고 학습을

마친 인공지능에게 손상된 필름이나 책, 사진 등을 보여 주면 매우 빠른 속도로 손상된 부분을 복구해 새것 같은 상태로 만듭니다.

　인공지능 기술로 오래된 문화재를 복원하려는 시도도 이루어지고 있습니다. 오랜 시간이 지나 흐려진 벽화나 그림 등의 원래 모습을 추정해 컴퓨터로 복원하는 것이지요. 앞으로는 인공지능이 되살린 문화재를 박물관에서 볼 수 있을 것입니다.

우주 탐사

미지의 우주를 탐사하는 인공지능 로봇

사람들은 오래전부터 우주를 개척하고 싶어 했습니다. 하지만 공기가 없고 강한 방사능이 쏟아지는 우주는 인간이 직접 탐사하기 매우 위험한 환경입니다. 우주복을 입어도 몇 시간 이상 우주에 나가 있을 수 없지요. 이러한 환경에서는 인공지능 우주 탐사 로봇이 매우 유용합니다.

이미 화성 탐사 로봇이 화성 곳곳을 돌아다니며 지구에 탐사 내용을 보내 주고 있습니다. 화성 탐사 로봇은 자율주행이기는 하지만 스스로 모든 것을 판단하지는 못합니다. 커다란 바위나 강력한 폭풍을 만나는 것처럼 예상치 못한 상황에 처하면 탐사 로봇은 지구에 도움을 요청하는 통신을 보냅니다. 그런데 이 통신을 주고받는 데 꽤 오랜 시간

지구와 교신 중인 화성 탐사 로봇

이 걸립니다. 그래서 스스로 문제를 해결할 수 있는 인공지능 우주 탐사 로봇을 개발하려는 연구가 이루어지고 있습니다. 미래에는 우주 탐사에도 인공지능 로봇이 활약할 것입니다.

천체 망원경으로 우주를 관찰하며 새로운 행성을 찾아내는 일은 어두운 숲에서 바늘을 찾는 것만큼이나 어렵습니다. 그래서 우주 관측에도 인공지능 기술이 활용되고 있습니다. 2017년에는 나사의 케플러 우주 망원경과 인공지능 기술을 활용해 태양계와 비슷한 '케플러-90계'를 발견하기도 했습니다. 이 발견은 인공지능이 그동안의 우주 관측 데이터와 케플러 우주 망원경이 수집한 행성 신호 3만 5천여 건을 학습해 얻어낸 결과입니다.

사람 대신 전쟁터로 가는 인공지능

전쟁터에서는 많은 군인이 희생됩니다. 그래서 군인 대신 전투에 투입할 수 있는 인공지능 무기들이 개발되고 있습니다.

다음 세대 전투기는 인공지능 전투기가 될 예정입니다. 인공지능 전투기는 수많은 인간 조종사의 움직임을 딥러닝하며 잘 나는 법, 목표물을 정확히 공격하는 법, 미사일을 잘 피하는 법 등을 익힙니다. 전투기 조종법을 배운 인공지능은 적의 공격, 방해 전파, 다른 전투기 파편과의 충돌 등 돌발 상황에서 스스로 재빠르게 판단을 내리며 위기를 극복할 수 있습니다.

인간 조종사의 경우, 전투기가 빠른 속도로 비행하다 갑자기 방향을 틀면 몇 초간 기절하기도 합니다. 갑작스러운 움직임에 혈액이 다리 쪽

무인 전투기

무인 군사용 배

으로 쏠려 뇌로 가는 혈액이 부족해지기 때문입니다. 하지만 인공지능은 그럴 걱정이 없지요. 컴퓨터가 망가질 정도의 충격만 가해지지 않으면 됩니다. 그래서 인공지능이 운전하는 전투기는 인간 조종사가 운전하는 전투기보다 더 격렬하게 움직일 수 있습니다.

하지만 인공지능을 전쟁 무기로 활용하는 것에 대한 우려도 큽니다. 전쟁에서 사람들을 공격할지 말지 여부를 인공지능이 결정하게 될 수도 있기 때문입니다. 인공지능 무기에 대한 윤리적·법적 기준이 필요하다는 주장이 제기되고 있습니다.

3부

인공지능 시대 준비하기

　인공지능 기술의 발전에 따라 우리 삶은 계속 변화할 것입니다. 그중에는 좋은 변화도 있고 나쁜 변화도 있겠지요. 나쁜 것은 가능한 줄이고, 좋은 것은 최대한 받아들이는 게 앞으로 우리가 해야 할 일입니다.

　인공지능과 평화롭게 살아가기 위해서는 미리 생각하고 고민해 봐야 할 문제가 많이 있습니다. 인공지능 시대에 우려되는 지점을 함께 살펴보며 우리가 할 수 있는 일은 무엇인지 생각해 봅시다.

1. 인공지능이 인간의 일자리를 빼앗는다고?

2부에서 살펴본 것처럼 인공지능이 널리 쓰이게 되면 우리 생활은 지금보다 더 편리해질 것입니다. 하지만 인공지능이 인간의 일을 대신하는 만큼, 많은 사람이 인공지능에 일자리를 빼앗길 수 있다는 우려도 나오고 있습니다.

자율주행차가 보편화되면 택시나 버스를 운전하는 '운전기사'라는 직업이 거의 사라질 것입니다. 또 인공지능 번역기의 성능이 매우 좋아지면 번역가나 통역가가 일자리를 잃을 수 있습니다. 이외에도 우편 서비스 직원, 은행 창구 직원, 비서 등 많은 직종이 가까운 미래에 인공지능에 대체될 거

라 예측됩니다. 각종 기관이나 기업의 고객 센터에서 일하는 전화 상담원은 이미 챗봇이 대체하기 시작했지요.

하지만 인공지능의 발전으로 사람들의 일자리가 사라지기만 하는 것은 아닙니다. 인공지능을 비롯한 첨단 기술과 관련된 새로운 일자리도 많이 생겨날 것으로 보입니다. 세계 경제 포럼(WEF)은 2023년 조사에서 2027년까지 일자리 8300만여 개가 사라지고, 6900만여 개가 새로 생겨날 거라고 발표했습니다. 앞으로는 단순하고 반복적인 일, 사람이 하기 위험한 일 등은 인공지능에게 맡기고, 사람은 좀 더 창의력과 감수성이 필요한 일을 하게 될 것입니다.

 **2. 인공지능이 잘못하면 누가 책임져야 할까?**

자율주행차는 사고가 날 수 있는 위험한 상황에서 인간보다 빠르게 대처할 수 있습니다. 그렇다고 자율주행차가 사고를 낼 확률이 0퍼센트인 것은 아닙니다. 한번은 자율주행차가 햇빛과 하얀색을 구분하지 못하고 햇빛을 받아 반짝반짝 빛나던 하얀색 트럭에 부딪혀 사고를 낸 적이 있습니다. 이렇게 자율주행차가 사고를 일으켰을 때, 그 사고의 책임은 누가 져야 할까요? 자율주행차에 타 있던 사람일까요? 아니면 자율주행차를 만든 회사일까요? 아직 이 문제에 대한 답은 정해지지 않았습니다. 이에 대해 전 세계 많은 사람이 각기 다른 의견을 내고 있지요. 몇몇 나라에서는 그

책임 기준을 법으로 정해 놓기도 했는데, 나라마다 법이 조금씩 다릅니다. 현재 우리나라 법에서는 자율주행차가 사고를 내면 보통 운전석에 탄 사람이 책임을 지고, 자율주행차에 명확한 문제가 있었다면 그 차를 만든 회사와 책임을 나누어서 지게 되어 있습니다. 하지만 이런 법으로는 사고가 날 때마다 책임을 어떻게 나누어야 할지 논란이 될 것이기 때문에 더 명확한 기준을 마련해야 합니다.

자율주행차 외에 다른 분야에서도 이와 비슷한 문제가 일어날 수 있습니다. 인공지능 기자가 잘못된 기사를 쓰거나, 인공지능 드론이 물건을 잘못 배송해 피해 본 사람이 있다면 그 책임은 누가 져야 할까요? 우리 모두 고민해 봐야 할 문제입니다.

3. 인공지능의 개인 정보 침해, 어떻게 봐야 할까?

　인공지능은 빅데이터를 기반으로 학습하는데, 빅데이터에는 사람들에게서 나온 정보가 많습니다. 그래서 인공지능이 빅데이터를 수집하고 이용하는 과정에서 사람들의 개인 정보가 노출되고 사생활이 침해될 위험이 있습니다.

　예를 들어 교통을 담당하는 인공지능은 사람들의 이동 경로를 분석해 누가 어디에 살고, 어느 학교에 다니며, 휴일에 어디로 놀러 가는지 알 수 있습니다. 광고에 이용되는 인공지능은 맞춤 광고를 제공하기 위해 소비자별로 어떤 취향과 관심사, 생활 패턴을 가지고 있는지 파악하지요.

CCTV는 범죄 예방을 위해 도시 곳곳에 빈틈없이 설치되어 있는데, 여기에 인공지능을 탑재한 나라도 있습니다. CCTV에 탑재된 인공지능은 CCTV에 찍힌 사람들의 얼굴을 읽고 그 사람이 누구인지 알아낼 수 있습니다. 어떻게 보면 도시 안의 모든 사람이 인공지능에게 날마다 실시간으로 감시당하고 있는 셈입니다.

인공지능이 수집한 데이터를 사람들의 편리와 범죄 예방 등 원래 목적으로만 이용한다면 큰 문제는 없을 것입니다. 하지만 이 데이터가 권력자나 특정 기업의 이익을 위해 악용될 위험이 있기에 인공지능이 개인 정보를 수집하는 것을 우려하고 반대하는 사람들도 많습니다.

4. 인공지능도 사람처럼 권리와 의무를 갖게 될까?

    2017년 유럽 연합(EU) 의회에서 인공지능 로봇을 '전자 인간(Electronic Person)'으로 규정하는 '로봇시민법' 결의안 채택 논의가 있었습니다. 이는 인류 사상 처음으로 로봇의 권리와 의무를 규정하려는 시도였지요. 로봇시민법의 기본 원칙은 '로봇은 사람을 해치지 않아야 하고, 명령에 복종해야 하며, 스스로 보호해야 한다'는 것입니다. 이는 과학자이자 공상 과학 소설 작가인 아이작 아시모프가 그의 소설 《아이, 로봇》에서 제시한 '로봇 3원칙'에서 가져온 것입니다.

    하지만 이 로봇시민법은 결의안만 통과되고 법으로 제정되지는 못했습니다. 이러한 법이 필요할 정도의 인공지능 로봇이 만들어지려면 아직 한참 멀었다는 비판에 부딪혔기 때문입니다. 그래서 유럽 연합은 그때가 더 가까워지면 다시 정하는 편이 좋겠다고 의견을 모았습니다.

    로봇시민법과 같은 법이 필요한 시점은 빠르게 다가오고 있는 듯합니다. 인공지능 기술이 보편화될수록 인공지능이 버는 돈에 대한 세금을 어떻게 걷을 것인지, 인공지능과 인간 사이에 재판이 벌어지면 판결을 어떻게 내릴 것인지 등 지금은 상상하기 어려운 수많은 사안이 생길 것입니다. 우리는 그날을 위해 미리 고민하고 대책을 세워야 합니다.

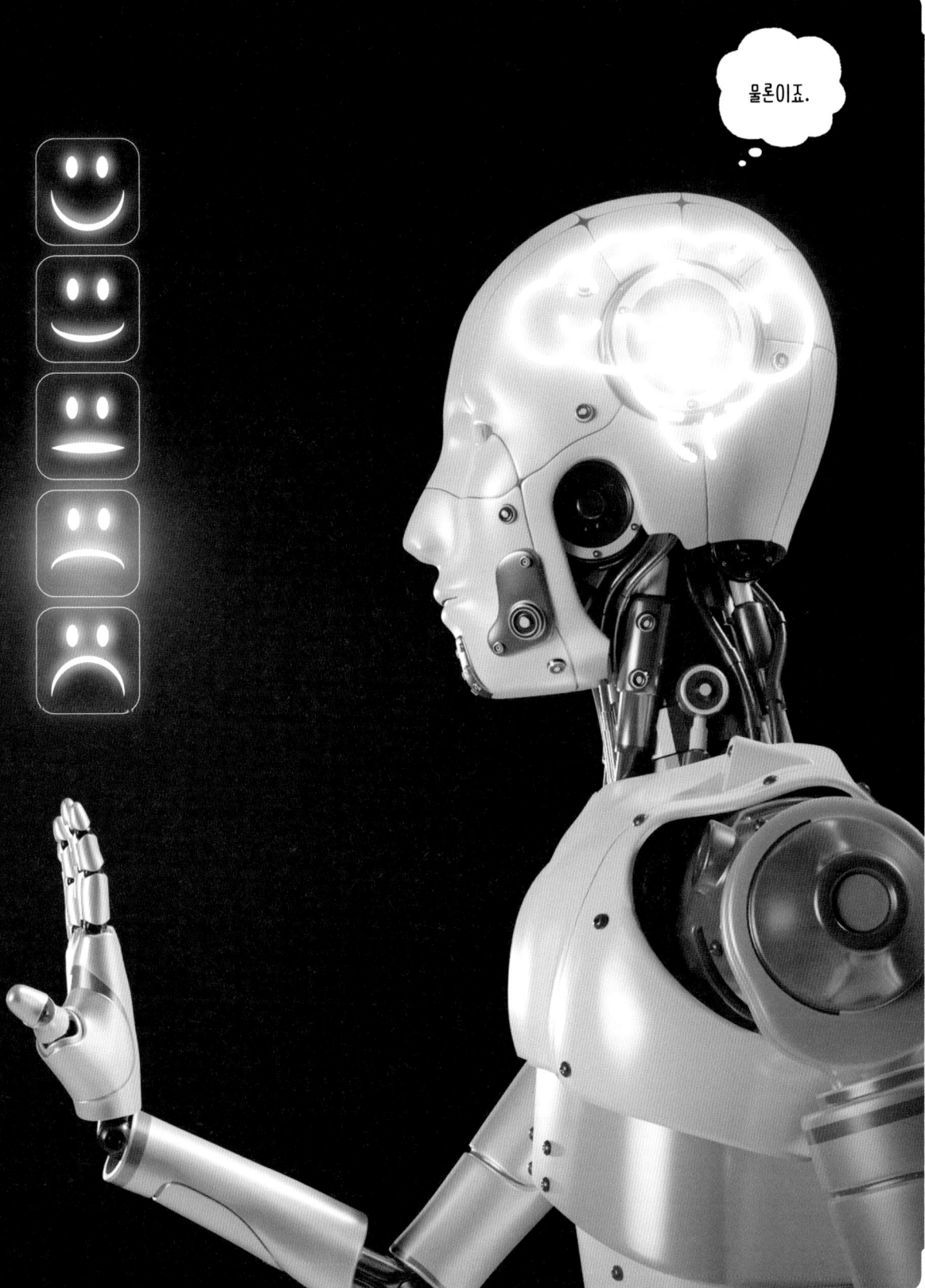

5. 인공지능이 인간을 뛰어넘는 '특이점'이 올까?

'특이점'이라는 말이 인터넷에서 유행어처럼 쓰이고 있습니다. 예를 들어 '특이점이 온 케이크'는 아주 이상한 모양을 하거나 독특한 재료로 만든 케이크를 장난스럽게 부르는 말입니다. 무언가가 발전하다가 독특한 방향으로 빠졌을 때 '특이점'이라는 말을 붙여 쓰는 것이지요.

이 유행어는 '기술적 특이점'이라는 말에서 왔습니다. 기술적 특이점은 인공지능이 인간의 지능을 뛰어넘는 순간을 말합니다. 기술적 특이점이 오면 인간이 손을 대지 않아도 인공지능이 스스로 과학 기술을 빠르게 발전시킬 것입니다.

그때가 되면 인공지능이 인간을 외면하고 공격할지 모른다며 두려워하는 사람도 있습니다. 반대로 빠른 속도로 발전하는 과학 기술 덕분에 모두가 더 편리하고 풍족한 삶을 살게 될 거라고 말하는 사람도 있습니다. 인공지능이 아무리 발전해 봤자 인간을 뛰어넘을 수는 없다고 주장하는 학자도 있지요. 특이점이라는 것은 인간의 상상일 뿐이라면서요.

앞으로 정말 특이점이 올지, 온다면 언제 오며 그 후 인간은 어떻게 될지 당장은 알 수 없습니다. 그렇지만 지금 그 어느 때보다 인공지능이 빠르게 발전하고 있고, 몇십 년 전에는 상상할 수 없던 일이 실제로 일어나고 있기 때문에 특이점에 어떻게 대비할지 고민해 볼 필요가 있습니다.

6. 인공지능과 함께하는 미래, 어떻게 대비해야 할까?

사람의 질문과 요청에 그럴듯하게 답하는 챗GPT 같은 생성형 인공지능이 등장하면서 인공지능은 그 어느 때보다 빠르게 발전하고 있습니다. 급속도로 발전하는 인공지능을 보며 두려워하는 사람도 많지만, 그렇다고 인공지능의 발전이 멈추지는 않을 것입니다. 사람들은 지금보다 더 편리하고 발전한 세상에서 살고 싶어 하기 때문입니다.

인공지능은 앞으로 더 많은 곳에서 쓰이며 우리 삶에서 중요한 역할을 하게 될 것입니다. 인공지능과 함께 하는 미래가 어떨지 아직 정확히 알 수는 없지만, 우리는 부지런히 미래를 예측하고 대비해야 합니다. 인공지능

이 인간의 일을 대신해 많은 사람이 일자리를 잃게 된다면 그 사람들을 위해 새로운 일자리를 준비해야 합니다. 인공지능이 개인 정보와 사생활을 침해한다면 이를 보호할 수 있는 방법을 마련해야 합니다. 인공지능과 인간 사이에 다툼이 벌어진다면 평화롭게 공존하며 살아갈 방법을 찾아야 합니다.

    인공지능 시대를 잘 살아가려면 이와 같은 다양한 문제들을 해결해야 할 것입니다. 그러기 위해서 우리는 인공지능이 무엇인지 정확히 알고, 인공지능의 발전이 불러올 미래를 생각하고 준비해야 합니다. 미래가 어떤 방향으로 흘러갈지는 결국 우리 손에 달려 있기 때문입니다.

[이미지 저작권]

26p 뉴런 네트워크, 78~79p 일하는 로봇, 80~81p 도로 자율주행,
82~83p 거리의 행인들, 85p 감정을 느끼는 로봇, 87p 생각하는 로봇,
88~89p 인간과 로봇의 협업 ©123RF

인공지능,
기계가 스스로 생각하는 시대

2024년 6월 25일 1판 1쇄

글쓴이 박열음 | **그린이** 안주영
편집 최일주, 이혜정, 홍연진 | **디자인** 채담
제작 박흥기 | **마케팅** 이병규, 양현범, 이장열, 김지원 | **홍보** 조민희 | **인쇄** 코리아피앤피 | **제책** J&D바인텍

펴낸이 강맑실 | **펴낸곳** (주)사계절출판사 | **등록** 제406-2003-034호
주소 (우)10881 경기도 파주시 회동길 252
전화 031)955-8588, 8558 | **전송** 마케팅부 031)955-8595, 편집부 031)955-8596
홈페이지 www.sakyejul.net | **전자우편** skj@sakyejul.com | **블로그** blog.naver.com/skjmail
페이스북 facebook.com/sakyejulkid | **인스타그램** instagram.com/sakyejulkid

ⓒ 박열음, 안주영 2024

값은 뒤표지에 적혀 있습니다. 잘못 만든 책은 구입하신 서점에서 바꾸어 드립니다.
사계절출판사는 성장의 의미를 생각합니다. 사계절출판사는 독자 여러분의 의견에 늘 귀 기울이고 있습니다.
이 책은 저작권법에 따라 보호받는 저작물이므로 무단 전재와 복제를 금합니다.

ISBN 979-11-6981-207-8 73550
ISBN 979-11-6981-159-9(세트)